Mit herzlichen Segenswünschen

Aktion Kleiner Prinz
Am Hartsteinwerk 5
48231 Warendorf

D1717722

Thomas Ehlert

Der Adventskranz und seine Geschichte

Agentur des Rauhen Hauses Hamburg

Jeden Tag eine Kerze mehr – der erste Adventskranz

Wie alt ist der Brauch, im Advent einen grünen Kranz ins Haus zu holen? Die Historiker sind sich einig, dass er jünger ist, als seine weite Verbreitung vermuten lässt. Erst in der ersten Hälfte des 19. Jahrhunderts finden sich früheste Belege für den schönen Brauch. Als Schöpfer des Adventskranzes in einer Form, die der unsrigen nahe kommt, gilt der Hamburger Theologe Johann Hinrich Wichern (1808-1881). Er war Gründer und erster Vorsteher des Rauhen Hauses in Hamburg und Initiator der Inneren Mission in Deutschland und damit alles dessen, was man heute die „Diakonie" nennt. Wichern, damals erst 25 Jahre alt, begann 1833 im Rauhen Haus mit der Betreuung von verwaisten und verwahrlosten Kindern und Jugendlichen aus den Hamburger Elendsvierteln, besonders aus der Vorstadt St. Georg. Schon bald halfen ihm christlich gesinnte junge Männer bei der Erziehungsarbeit. In der Adventszeit versammelten sich Kinder und Betreuer mittags zu einer kurzen Andacht und abends zu einer Singstunde. Man sang Adventschoräle, übte Weihnachtslieder und las die biblischen Verheißungen.

Wichern war – obwohl von der Ausbildung her Theologe – auch ein begnadeter Pädagoge. Schon bald stellte er sich die Frage, wie den Kindern anschaulich zu machen wäre, dass die Zeit des immer dunkler und kälter werdenden Dezembers gleichzeitig eine Zeit des Weges ins Licht ist? Die Vorfreude auf das Christfest sollte zum mit Kinderaugen wahr-

nehmbaren Erlebnis werden. Und so ließ Wichern am ersten Advent 1839 im erst drei Jahre zuvor eingeweihten Betsaal des Rauhen Hauses erstmals einen hölzernen Leuchter mit 23 Kerzen anbringen – vier dicke weiße für die Sonntage, 19 kleine rote für die Werktage im Advent, denn 1839 fiel der Heilige Abend auf einen Dienstag.

In seinen Tagebuchblättern vermerkt Vorsteher Wichern den neuen Brauch und seine erhoffte Wirkung: „Um den Lobesspruch an der Orgel waren 23 bunte Wachslichter aufgestellt. Mit jeder Verheißung wurde eines der Lichter von Bruder Hansen angezündet, so dass zuletzt alle 23 wie ein Strahlenkranz das Lob des Herrn umleuchteten. Das Ganze diente ebenso wie zur Erbauung als Stärkung und Freude im Herrn." Der erzieherische Ansatz ist unüberhörbar.

Advent – alte Fastenzeit und neue Vorfreude

Das Wort „Advent" stammt aus dem Lateinischen. In dieser alten Kirchensprache bezeichnet es die Zeit vor Weihnachten, eine Zeit der Vorbereitung auf das zweithöchste Fest der Christenheit. In Jahrhunderten ist Weihnachten zum volkstümlichsten und prächtigsten Fest des Kirchenjahres geworden. Überall auf der Welt feiern Menschen die Geburt Christi, das Kommen des Erlösers. Und um der Freude über dieses Geschenk des Himmels Ausdruck zu geben, suchen die Menschen, einander mit Geschenken zum Christfest eine Freude zu machen. Wie auch vor Ostern, dem höchsten Fest der Christenheit, verlangte die alte Kirche vor Weihnachten eine besondere Vorbereitungszeit – seit dem Jahr 826 sind es vier Wochen. Der Advent ist eine Fastenzeit. Den ersten Hinweis auf den ursprünglichen

Sinn der Adventszeit gibt uns der Bischof Perpetuus von Tours (bis 490 n. Chr.). Er gebot den Gläubigen, von Mitte November bis Weihnachten dreimal in der Woche zu fasten. Die Wochen vor Weihnachten sollten der inneren Einkehr dienen. Damals regelten strenge Vorschriften die Adventszeit: Tanzen und üppige Speisen waren verboten, Spiel und Theater sowieso.

Zwei Jahrzehnte später –
der Adventskranz wird grün

Der erste Adventskranz in Deutschland war ein schlichter, runder Holzleuchter, vielleicht ein Wagenrad. Aber nach und nach nahm er die uns heute vertraute Gestalt an. 1851 wurden im Rauhen Haus die Wände des Betsaals mit frischen Tannenzweigen geschmückt. Neun Jahre später zierten die „Rauhhäusler" dann ihren Kranz mit grünen Zweigen. Zu Weihnachten wich der Kranz dann einem „18 Fuß" hohen, reich geschmückten Christbaum, der zur Freude Wicherns nach dem „Harz der frisch gewundenen Winterkränze" duftete und in der ganzen Umgebung berühmt war. Weihnachten im Rauhen Haus, das war schon bald legendär. Wie wichtig seinem Gründer das Fest war, zeigt auch, dass er dem als zu kurz empfundenen Lied „O du fröhliche" nicht weniger als vier Strophen hinzudichtete (die allerdings – nicht zu Unrecht – wieder in Vergessenheit gerieten).

Anfang 1851 berichtete Wichern im „Beiblatt der Fliegenden Blätter" über einen großen Holzkranz, der seit einigen Jahren zur Adventszeit auf den Armen des Kronleuchters im Betsaal saß und an dem täglich zur Andacht ein Licht mehr angezündet wurde. Die Initiative könnte auf den erwähnten Bruder Peter Hansen (1815-1889) zurückgegangen sein, denn dieser war „von Geburt ein Däne". Vielleicht war dort der Brauch schon früher verbreitet. 1838 ins Rauhe Haus gekommen, leitete er seit 1845 das neu gegründete Linerhaus in Altencelle (bei Celle). Auch dort soll es einen großen, mit Tannengrün verkleideten Holzkranz mit 28 Durchbohrungen für die Höchstzahl der Adventstage nach dem Vorbild im Rauhen Haus gegeben haben.

*Der Adventskranz in der von
Johann Hinrich Wichern gedachten Form:
die dicken weißen Kerzen für die Adventssonntage
und die roten Kerzen für die Werktage.*

Fröhliche Vorweihnacht – einstmals herbe Fastenzeit

Auch wenn der Advent heute nicht mehr das ist, was er in katholischen und vielleicht auch in Wicherns Zeiten einmal war, auch wenn er heute zumeist eine fröhliche und zuweilen hektische Vorweihnachtszeit ist, auch wenn schon Wochen vor dem Fest auf Weihnachtsmärkten Glühwein getrunken wird – die alte Fastenzeit klingt noch in den ernsten Melodien vieler Adventschoräle nach („O Heiland, reiß die Himmel auf" ist ein Beispiel dafür). Die Behänge an Kanzel und Altar sind fastenzeitlich violett. Die kirchlichen Lesungen dieser Zeit reichen ganz hinunter in die Tiefen der Existenz – bis hin zum Weltuntergang. Erst am Abend vor Weihnachten, am Heiligabend, beginnen die Engel zu singen, die Hirten zu frohlocken, wird das Kind bewundert, auf das so recht niemand gewartet hatte. Denn wer konnte ahnen, dass Gott als schutzloses Kind zweier sehr

einfacher Leute auf Reisen zur Welt kommen würde?

Kaum einer fastet heute noch im Advent. Trotzdem wird er inzwischen wieder als eine Zeit der Einkehr und Erwartung wahrgenommen. Besinnung und Vorfreude können sehr wohl zusammengehören. Und vielleicht wird ja die Weihnachtsfreude durch die vier Wochen der Beschränkung auch schöner und bewusster? Immer mehr Menschen gestalten sie wieder als Einkehr- und Fastenzeit.

Heilige im Advent – Nikolaus

Nikolaus, an den sich nicht nur die katholische, sondern fast die ganze Welt am 6. Dezember erinnert, war Bischof von Myra und starb um 345 nach Christus. Als seine Eltern an der Pest gestorben waren, setzte er sein reiches Erbe zur Linderung des Elends ein. Nikolaus gilt als großer Wundertäter. Er rettete Schiffer aus Seenot, kranke und gepeinigte Kinder (hier wird Wichern sich ihm verbunden gefühlt haben), seine Stadt Myra vor einer Hungersnot, indem er Kapitänen von Getreideschiffen im Traum befahl, diesen Hafen anzulaufen. Dem römischen Kaiser Konstantin erschien er im Traum und veranlasste ihn so, drei zu Unrecht verurteilte Christen aus dem Gefängnis zu entlassen. Zitternd und schweißgebadet soll der Imperator erwacht sein, sagt die Legende.

Nikolaus ist Schutzheiliger vieler Länder, Städte und Berufsstände, vor allem aber der Kinder, der Chorknaben, der heiratslustigen Mädchen und der Schüler. Die drei Hamburger Kinderbischöfe, die alle zwei Jahre aus den sechsten Klassen der Wichern-Schule des Rauhen Hauses ausgewählt werden, berufen sich auf diesen Heiligen. Ihre Amtseinführung findet natürlich am 6. Dezember statt. Sie setzen sich in ihrer siebenwöchigen Amtszeit für die Belange der Kinder in der Großstadt ein.

Weite Verbreitung –
Rauhhäusler Brüder in aller Welt

Wann und wie sich der Rauhhäusler Adventskranz in Deutschland verbreitet hat, ist schwer
nachzuzeichnen. Durchaus möglich, dass et-
wa kurze Zeit später auch anderswo Advents-
kränze aufgehängt wurden.

Dass besonders die evangelischen Kreise
Deutschlands den Brauch sehr bald aufnah-
men, ist den von Wichern ausgebildeten Dia-
konen zu verdanken. Überall verbreiteten die
ausgesandten „Brüder" des Rauhen Hauses in
ihren Arbeitsstätten, in Gemeinden und Ein-
richtungen der Inneren Mission diese neue
Adventstradition. Auch Johann Hinrich Wichern selbst betrieb die Verbreitung aktiv: 1857
trat er sein Amt als Oberkonsistorialrat im
preußischen Innenministerium in Berlin an.
Und schon drei Jahre später ersetzte man
nach dem Beispiel des Rauhen Hauses im
Tegeler Waisenhaus den Kronleuchter durch

einen Tannenkranz. Ein Jahr später gründete Wichern das Johannesstift in Berlin-Plötzensee (heute in Berlin-Tegel).
Brüder des Rauhen Hauses gelangten auch in ferne Länder. Selbst im Goldrausch des Wil-

den Westens der USA betreuten sie Auswanderer aus Deutschland mit Wort und Tat. Den Brauch des adventlichen Kranzes brachten sie selbstverständlich mit.

Licht und Grün –
was der Adventskranz bedeutet

Advent und Weihnachten fallen in die dunkelste und kälteste Jahreszeit, die Zeit, in der die Tage am kürzesten und die Depressionen am häufigsten sind. Die Natur verfällt in Winterstarre. Die Bäume sind kahl, und so mancher hat seine liebe Mühe damit, im Herzen Hoffnung und Freude am Leben zu halten.
Umso mehr sehnen sich die Menschen unserer Breiten im Dezember nach Wärme und Licht. Im Erzgebirge beispielsweise stellten sie schon vor Urzeiten zur Nacht Lichter im Hausflur auf, damit die den Menschen wohl geson-

nenen Geister das gastfreundliche Haus in guter Erinnerung behielten. In England hingen Mistelzweige in den Häusern. Als das Christentum in Europa Fuß fasste, übersetzte es viele der Volksbräuche in seine Sprache. Das Weihnachtsfest wurde auf den Zeitpunkt der Wintersonnenwende gelegt. Baumgrün und Lichtergold zogen in Hütten und Paläste ein als Symbole für die Hoffnung, die mit Jesus Christus, dem Licht der Welt, auf die Erde kommt.

Zumindest in Zentraleuropa ist der Adventskranz die am weitesten verbreitete Form solch vorweihnachtlichen Grüns. Für die meisten ist er zumindest ein stimmungsvoller Zimmerschmuck. Grün und Licht finden hier (wie später in noch prächtigerer Form am Weihnachtsbaum) zusammen: Wir bestecken den grünen Kranz mit Kerzen, denn es naht die Zeit, in der das Kommen des Herrn gefeiert wird. Deshalb sind die Kerzen des Adventskranzes heute zumeist rot. Rot ist im kirchlichen Rahmen die Farbe der Liebe Gottes.

Der Adventskranz wird populär und muss kleiner werden

Richtig volkstümlich wurde der Adventskranz durch das Aufkommen der Jugendbewegung und des Kunstgewerbes nach dem Ersten Weltkrieg. Zunehmend mehr Menschen wollten christliche Symbole im eigenen Heim beherbergen. Gärtner und sogar Buchhandlungen boten den neuen Schmuck für die Vorweihnachtszeit an.

Allerdings war Wicherns Adventskranz für ein bürgerliches Wohnzimmer viel zu groß. Damit so viele Kerzen sich nicht gegenseitig zum Schmelzen bringen, muss der Rauhhäusler Kranz schon einen Durchmesser von einem Meter und mehr haben. Aber mit vier Kerzen – für jeden Adventssonntag eine – fand er Platz in jeder noch so kleinen „guten Stube". So bekam der Adventskranz seine heutige Gestalt – unter Weglassung der Werktagskerzen.

Zur Zeit von Vorsteher Hennig (1901-1920) war anscheinend eine „Adventskrone" in Gebrauch, die als holzgeschnitzter, mehrgeschossiger Hängeleuchter mit Platz für vier größere und 24 kleinere weiße Kerzen beschrieben wird. Von einer Verkleidung mit Tannengrün ist bei der Adventskrone nichts bekannt. Um 1930 lag jährlich ein gebundener Adventskranz im heutigen Sinne auf einem großen Holzring, der vor dem Lesepult von der Decke herabhing. Diese Vorrichtung wurde wahrscheinlich 1943 bei der Zerstörung des Betsaals vernichtet. Bei den Bombenangriffen auf Hamburg im Sommer 1943 wurden 25 der 29 Gebäude auf dem Gelände des Rauhen Hauses zerstört, darunter auch der Betsaal. Nach dem Bau eines neuen Saales (1953) hing dort der aus Tannengrün gebundene Kranz mit vier großen weißen und bis zu 24 kleinen roten Kerzen von der Decke herab.

Im Rauhen Haus in Hamburg bleibt man der Tradition treu: Auch im nach Zerstörung 1943 und Brandstiftung 2003 wieder errichteten „Alten Haus" auf dem Gelände der Stiftung wird er jedes Jahr aufgestellt. Hier, wo Wichern 1833 seine Arbeit begann, entzünden alljährlich am Montag nach dem ersten Advent der Vorsteher des Rauhen Hauses und Grundschüler der Wichern-Schule die ersten beiden Kerzen. Mitarbeiter und Bewohner versammeln sich zu einer Mittagsandacht. Und noch heute versammelt sich die Brüder- und Schwesternschaft des Rauhen Hauses mit dem Vorsteher am zweiten Mittwoch im Dezember zur Feier um Wicherns Adventskranz und singt selbstverständlich das Lied „Macht hoch die Tür, die Tor macht weit" – wie zu Wicherns Zeiten.

Heilige im Advent – Franziskus

Der heilige Franziskus hat im ewigen katholischen Heiligenkalender seinen Erinnerungstag am 12. Dezember. Der „Poverello", der arme kleine Mönch, war am Anfang seines nicht sehr langen Lebens (1182-1226) ein vergnügungssüchtiger Jugendlicher aus sehr reichem Haus. Dann erlangt ihn der Ruf Gottes, er legt vor dem Bischof von Assisi seine Kleider ab und begibt sich in die Berge, wo er ein kleines Kloster gründet und Gleichgesinnte um sich versammelt. Der erste Bettelorden entsteht. Armut ist das Glaubensbekenntnis der kleinen Gemeinschaft. Einige Jahre später begegnet Franz dem Papst Innozenz III., der es versteht, diesen „gefährlichen" Armutsorden – anders als andere solcher Bestrebungen der Zeit – in die Kirche einzubinden. Franz zieht sich ins Apennin-Gebirge zurück (nach dem Kloster La Verna), erleidet Wundmale an Brust, Händen und Füßen, predigt den Vögeln und anderen Tieren, dichtet den berühmten Sonnengesang (der ein Vorbild im alten Ägypten

hat) und gibt der Kirche zu verstehen, dass nicht Macht und Pracht, sondern Unterwerfung, das „Sich klein machen" eher zu dem Heiland passt, auf dessen Ankunft wir im Advent warten.

Am Ende seines Lebens folgten bereits 5000 Mönche seiner Regel. Er ist der Schutzheilige der Armen und der Sozialarbeit – also auch der des Rauhen Hauses.

„Macht hoch die Tür" –
ein Psalm wird umgedeutet

Das bekannteste adventliche Kirchenlied führt uns auf eine uralte Spur. Es bezieht sich wörtlich auf einen altjüdischen Gesang – und deutet ihn so gründlich um, dass man an der Berechtigung dazu zweifeln muss. Der 24. Psalm lautet im jüdischen Religionsgebrauch so:
„Wer wird emporkommen auf Gottes Berg, wer Bestand gewinnen an seines Heiligtums Stätte? Wer rein an Händen, lautern Herzens, der nicht dem Vergänglichen zu seine mir gehörende Seele trägt und nicht dem Truge hat geschworen, der empfängt Segen von Gott und Wohltat vom Gotte seines Heils.
Hebet Tore, eure Häupter, werdet gehoben zu Pforten der Zukunft, dass eingehe der König der Ehre!

Wer ist der König der Ehre?
Gott, unüberwindlich und stark, Gott, der Starke
des Krieges. Hebet wieder Tore, eure Häupter,
hebt sie als Pforten der Zukunft, dass eingehe
der König der Ehre!
Wer ist nun der König der Ehre?
Gott Zebaoth, der ist der König der Ehre."

Das Kirchenlied (EG 1) macht daraus:
„Macht hoch die Tür, die Tor macht weit,
es kommt der Herr der Herrlichkeit,
ein König aller Königreich,
ein Heiland aller Welt zugleich,
der Heil und Leben mit sich bringt;
derhalben jauchzt, mit Freuden singt:
Gelobet sei mein Gott,
mein Schöpfer reich von Rat!"

Gott, der Starke des Krieges, wird zum christ-
lichen Gott der Vergebung:
„Er ist gerecht, ein Helfer wert;
Sanftmütigkeit ist sein Gefährt,

sein Königskron ist Heiligkeit,
sein Zepter ist Barmherzigkeit;
all unsre Not zum End er bringt,
derhalben jauchzt, mit Freuden singt:
Gelobet sei mein Gott,
mein Heiland groß von Tat!"

„Andacht, Lust und Freud" treten an die Stelle der jüdisch gesetzestreuen Gottsuche:
„Macht hoch die Tür, die Tor' macht weit,
eu'r Herz zum Tempel zubereit'.
Die Zweiglein der Gottseligkeit
steckt auf mit Andacht, Lust und Freud;
so kommt der König auch zu euch,
ja, Heil und Leben mit zugleich.
Gelobet sei mein Gott,
voll Rat, voll Tat, voll Gnad."

Und schließlich bezieht der Liederdichter Georg Weissel (1590-1635) dies alles auf den christlichen Heiland:
„Komm, o mein Heiland Jesu Christ,
meins Herzens Tür dir offen ist.
Ach zieh mit deiner Gnade ein;
dein Freundlichkeit auch uns erschein.
Dein Heilger Geist uns führ und leit
den Weg zur ewgen Seligkeit.
Dem Namen dein, o Herr,
sei ewig Preis und Ehr."

Wie viele Kerzen?
Jedes Jahr
anders!

Wie viele Kerzen muss Wicherns Kranz haben? Dies ist eine alljährlich oft gestellte Frage an das Rauhe Haus. Je nach Jahreskalender ist der Rauhhäusler Adventskranz mit 21 bis 28 Kerzen bestückt (21, wenn Heiligabend auf den vierten Advent fällt; 28, wenn er an einem Sonnabend gefeiert wird).

Die Reihe eröffnet ein großes weißes Sonntagslicht. Ihm folgen sechs kleine rote für die Werktage der ersten Adventswoche. Die nächste große weiße Kerze wird am zweiten Advent entzündet. Bis zum 24. Dezember setzt sich der Wechsel von einer weißen bis zu sechs roten Kerzen fort. Am Heiligen Abend, wenn die Lichter des Kranzes am hellsten strahlen, verkündet er die Ankunft, eben den „Advent" Christi.

Der Pädagoge Wichern beschreibt es so: „Auf dem Kronleuchter des Betsaals mehrt sich täglich die Zahl der Lichter, die der Zahl der Adventstage entsprechen, bis am Schluss des Advents die ganze Lichterkrone strahlt und immer heller widerstrahlt in den Herzen der Kinder." Und um die Erlebniswelt der Kinder ging es ihm nun einmal vor allem.

36

Heilige im Advent – Thomas

Der heilige Apostel Thomas (21. Dezember) passt mit seiner biblisch überkommenen „Ungläubigkeit" besonders gut in die Endphase der adventlichen Fastenzeit. Er wollte Beweise. Er konnte die Auferstehung Jesu nicht glauben, nicht glauben, was er nicht gesehen hatte. Jesus zeigt ihm seine Wundmale und sagt: „Selig sind die, die nicht sehen und doch glauben." Und in wenigen Tagen werden auch wir den Beweis haben: die Botschaft der Engel an die Hirten. In vier Tagen werden wir das Kind in der Krippe sehen.

Ja, Thomas ist ein richtig vorweihnachtlicher Heiliger – und ein charmanter dazu. Wir werden es in seiner Legende erfahren. Thomas ist ganz verschieden von den anderen Jüngern Jesu, unkonventioneller, mutiger und kritischer. Es nimmt nicht wunder, dass er den weitesten Missionsweg vor sich hat: nach Indien.

Die Legende will wissen, dass Thomas Baumeister war. Ein indischer König beauftragt ihn mit dem Bau eines Palastes, während er seine Provinzen bereist. Er übergibt dem Apostel einen Schatz für die Begleichung der Kosten. Thomas verschenkt das Geld an die Armen. Als der König zurückkehrt und seinen Palast zu sehen verlangte, hat er einen Traum: „Thomas ist ein Freund Gottes", erfährt er. „Die Engel zeigten mir im Paradies einen wunderbaren Palast aus Gold, Silber und Edelsteinen." Thomas hatte dem König einen Palast im Himmel errichtet. Er ist der Schutzheilige aller, die mit dem Bauen zu tun haben.

Die Tage bis zum Fest zählen – ein Adventskranzlied

Advent, Advent,
ein Lichtlein brennt.
Erst eins, dann zwei,
dann drei, dann vier,
dann steht das Christkind
vor der Tür!

In diesem bekannten Kinderlied kommt der Kranz nicht vor. Auch in keiner anderen volkstümlichen Weise wird er besungen – ein Beweis für seine verhältnismäßig späte Entstehung. Lichter werden überall besungen, aber Tannenbaum und Adventskranz als beinahe modernes Weihnachtsbrauchtum kamen zu einer Zeit in die Welt, als das Liedgut – und besonders das kirchliche – schon abgeschlossen war.

Das kleine Kinderlied zeigt auch, wie aufmerksam der 31-jährige Pädagoge Wichern seine „Zöglinge" im Rauhen Haus begleitete. Denn sein Adventskranz von 1839 tut das, was Kinder vor jedem großen Ereignis tun: Er zählt die Tage. Ob vor dem Geburtstag, vor dem Nikolaustag, vor Weihnachten („Dreimal werden wir noch wach, heißa, dann ist Weihnachtstag") – Kinder zählen die Zeitspanne in Tagen.

Adventskalender und anderes – Begleiter bis Weihnachten

Neben den Kerzen des Adventskranzes begleiten auch Adventskalender Tag für Tag den langen Weg vom ersten Advent bis zum Heiligen Abend: Hinter kleinen Papierklappfenstern öffnet sich an jedem Dezembertag ein neues Bild, das den Betrachter näher an die Krippe des Weihnachtstags bringen soll.

Papierwarenindustrie und Schokoladenhandel haben den herkömmlichen Sinn der Adventskalender verändert. Weder zu dekorativen Zwecken wurden sie aufgestellt, noch waren sie ursprünglich dazu da, die Adventszeit zu versüßen. Im Gegenteil: Ihre Bilder und Symbole sollten die innere Vorbereitung auf die Ankunft Christi unterstützen. Und auch hier, wie beim Adventskranz, wird das Gesamtbild von Tag zu Tag durchsichtiger, heller. Manche Familie verzichtet heute auf handelsübliche Adventskalender, bastelt selbst Adventsketten, an denen für jeden Tag ein kleines Geschenk hängt, oder schneidet sich aus schwarzem Karton ein „Adventshaus" aus. In die Transparentfenster schreibt man biblische Verheißungen aus dem Alten Testament. Stellt man eine brennende Kerze in das Innere, steigert sich von Tag zu Tag die Lichtfülle in den bunten Fenstern des Adventshauses und wird zu einem kleinen Abglanz des hellen Scheins, den Gott mit Jesus in den Herzen der Menschen anzünden will.

Aus den mittelalterlichen Klosterschulen stammt der Brauch der im Alpengebiet verbreiteten „Klausenhölzer". In sie kerbten die Kinder ihr ehrliches Beten und ihre guten Taten ein – sich selbst zur katholischen Rechenschaft, aber auch zum Beweis adventlicher Gesinnung. Denn die Klausenhölzer legten sie zum 6. Dezember für den heiligen Nikolaus vor die Tür als Hinweis, dass in diesem Haus ehrliche und fromme Leute wohnten.

Bibelverse statt Bilder enthält dieses Adventshäuschen, dessen Entwurf um 1920 entstanden ist. Die einzigen Bilder sind die vier großen Medaillons in den Giebeln des Hauses und die Krippe unten. Sie schildern Szenen um die Geburt. Eine Kerze in das Haus gestellt, bringt alles zum Erleuchten.

Advent ist Zeit des Lichts – Licht für den anderen

von *Ulrich Heidenreich,*
Vorsteher des Rauhen Hauses 1972-1995

Es ist, als sagte diese Zeit zu uns: Euch soll ein Licht aufgehen. Die Spur zum Leben sollt ihr in diesem Licht finden und dabei etwas von Gottes Liebe spüren. Ihr sollt im Advent leben, vom Leben und von Gott noch etwas erwarten, der Lebensfreude immer näher kommen. In all unseren Vorbereitungen auf Weihnachten – selbst in unserer Unruhe – verstecken wir unsere Hoffnung. Es ist weniger die Hoffnung auf die zu erwartenden Geschenke, als vielmehr das Sehnen nach der Zuwendung von Menschen, die uns etwas bedeuten. Ein Bedürfnis nach Geborgenheit und Wärme. Wir verlangen nach Liebe. Es ist die Hoffnung auf die Erfüllung unserer Träume vom Leben. Der Adventskranz ist das Symbol dieser Hoffnung. Wenn eine Kerze nach der anderen ange-

zündet wird, wird unsere Hoffnung ans Licht gelockt. Tag für Tag eine Kerze mehr – jeden Tag wird es heller, wird es wärmer, rückt die Zeit der Erfüllung näher heran.

Aber die Adventszeit war nie nur eine Zeit der Erwartung. Sie zählt zu den Buß- und Fastenzeiten der Kirche und soll eine Zeit zum Nachdenken des Menschen über sich selbst sein. Auch dabei kann der Adventskranz uns helfen. Je heller es wird, in uns und um uns, desto besser sehen wir auch den Menschen neben uns. Jede Kerze mehr bringt uns dem Sehnen des anderen näher. Jede Kerze, die mir leuchtet, fragt mich auch: In wessen Leben habe ich heute ein Licht gebracht? Wird der Alltag eines Menschen durch mich heller? Habe ich genug Hoffnung für ihn bewahrt? Wird sein Dasein durch mich lebendiger? Konnte sein Glaube an die Liebe durch mich gestärkt werden? Kommt Jesus durch mich zur Welt? Die Kerzen des Adventskranzes lassen mich nachdenklich werden, und ich versuche, besser hinzusehen, wenn ich mit Menschen zusammen bin. Wenn nun eine Kerze nach der anderen brennt und am Heiligen Abend alle Kerzen leuchten, dann erzählt dieser Kranz von der Liebe Gottes, die im Jesuskind in der Krippe erkennbar wurde. Darüber können wir uns auch heute noch freuen. Diese Liebe können wir weitertragen. Und dafür, dass diese Liebe unsere Welt menschlicher macht, wollen wir immer wieder beten.

Der Prophet Jesaja –
zum Schluss eine Verheißung

Im Alten Testament steht eine der bekanntesten vorweihnachtlichen Prophezeiungen. Jesaja setzt darauf, dass wir das Licht der Herrlichkeit Gottes in unserem eigenen Leben sehen, wir es sogar selbst werden:

Mache dich auf, werde licht; denn dein Licht kommt, und die Herrlichkeit des Herrn geht auf über dir! Denn siehe, Finsternis bedeckt das Erdreich und Dunkel die Völker; aber über dir geht auf der Herr, und seine Herrlichkeit erscheint über dir. *Jesaja 60,1-2*

Die Erde, das Schicksal der Völker sind finstere Gefilde. Die Kerzen der Adventszeit sind Boten Gottes, die sagen: Das Licht der Welt brennt in den Menschen, die sie zu verbessern suchen.

Der Autor

Thomas Ehlert, geboren 1955 in Hamburg, studierte Germanistik und Geschichte, war Lehrer und Sänger und arbeitete als Pressesprecher vor allem in der evangelischen Kirche. Seit 1997 war er in der Öffentlichkeitsarbeit der Stiftung Das Rauhe Haus tätig. 2003 erschien seine „Kleine Geschichte des Rauhen Hauses". Thomas Ehlert starb im November 2005.

Bildnachweis

Titel, Seite 7, 8, 13, 18, 27, 43:	Archiv des Rauhen Hauses, Hamburg
Seite 5, 20, 24, 34, 35, 38, 39, 45:	Bildarchiv RODRUN / Heidrun Füssenhäuser
Seite 10:	Gerd Weissing
Seite 15:	Volker Rauch
Seite 16, 36:	akg-images
Seite 23:	Oswald Eckstein
Seite 29:	akg-images/Rabatti – Domingie
Seite 32:	Bohdan Pomarzanskyj

Bildbeschreibung

Seite 7: Auf dem Gelände des Rauhen Hauses: Betsaal (Mitte) und „Haus Tanne" (rechts); handkolorierte Lithografie um 1846 von Robert Deppermann

Seite 8: Der erste Adventskranz im Betsaal des Rauhen Hauses

Seite 15: Weihnachtsmarkt in der Burg in Michelstadt

Seite 16: „Hl. Nikolaus", um 1525. Christoph Bockstorfer, gest. 1552, zugeschrieben. Teil eines Altars. Auf Ahornholz, 70 x 45 cm; Staatsgalerie Stuttgart

Seite 18: Die Hamburger Kinderbischöfe

Seite 29: Franziskusmeister (Maestro di San Francesco), tätig 1260-1272. „Der heilige Franziskus", um 1262. (Franz von Assisi, Ordensstifter und Heiliger; 1181/82-1226). Tempera auf Holz, 48 x 22 cm. Aus einer Serie von Tafeln aus S. Francesco al Prato in Perugia. Galleria Nazionale dell'Umbria.

Seite 36: Apostel Thomas. Ikonenmalerei, 15. Jahrhundert. Ohrid (Republik Makedonien), Ikonengalerie Sveti Kliment.

Seite 43: Adventshäuschen aus der St.-Johannis-Druckerei, Lahr

 © Agentur des Rauhen Hauses Hamburg 2006
www.agentur-rauhes-haus.de

Satz:	Gestaltung + Verlags-Service, Rosengarten
Schrift:	Litera
Lithos:	connected 2000 GmbH, Hamburg
Druck:	EuroGrafica, Vicenza/Italien

Die Schreibweise entspricht den Regeln der neuen Rechtschreibung.
Der Umwelt zuliebe gedruckt auf chlorfrei gebleichtem Papier.

ISBN-13: 978-3-7600-0955-1 · ISBN-10: 3-7600-0955-7 · Best.-Nr. 1 0955-7